混声合唱曲集

風の子守歌

三つの不思議な仕事

池澤夏樹＝作詞
池辺晋一郎＝作曲

六つの子守歌

別役　実＝作詞
池辺晋一郎＝作曲

カワイ出版

「三つの不思議な仕事」は，この出版のための書きおろしです。「恩愛の輪」「銅山」につづいて，池澤夏樹氏と組んだ三つめの合唱作品です。いわば軽いタッチの，親しみ易いものも作りたい，という企ては，1972年，池澤さんと出会った時から，すでに在ったものでした。昨年の遅い夏，アテネに住んでいた池澤さんを訪ね，共にエーゲ海の島々を旅しながら，毎日この曲の構想を語り合ったことを，今なつかしく想い起こします。エーゲ海の空と海のようなのびやかさが，この曲の底に流れていてほしい，と希っています。

　「六つの子守歌」ほど，作曲者が産み落した小さな曲が，一人だちしてあちこちへ出かけて行く実感を味わったものはありません。そもそもは，カワイ音楽研究会「あんさんぶる」誌の依頼で，半年間同誌に連載したソングでした。ところがそのあと，リサイタルのアンコールでうたわれたり，合唱へのアレンジを依頼されたり，「風の子守歌」と「空と海の子守歌」についてはNHK「みんなのうた」で放送されたり（各々岸部シロー，堺正章の歌），レコーディングされたり（倍賞千恵子，岸本大助＝キング＝），そして今回，またまた合唱にアレンジしなおしたり，というわけで，嬉しいことですが，しかし書いた当初は予想だにしなかったことでした。劇作家別役実（べつやく）氏を知っているぼくにとって，それと違うようで同じな，同じようで違う顔の，詩人別役さんとの，極めて楽しい共同作業でした。

　両曲集とも，曲順は自由です。何曲か抜いて歌っても，もちろんかまいません。ピアノ伴奏も，書かれているのは，ひとつの例にすぎません。自由に弾いてみて下さい。そのためにコード・ネームも付けてあります。ギターやドラムを加えても，きっとおもしろいでしょう。

　両曲集とも，池田明良氏指揮アルベルネ・ユーゲント・コールが初演しています。

　カワイ出版山澤重雄さんに，大変お世話になりました。この欄をお借りして，お礼を申し上げます。

1978年5月　池辺晋一郎

三つの不思議な仕事　　（池澤夏樹　詞）
空みがき 3
明日（あした）つくり 13
夢売り 20
歌詞 32

六つの子守歌　　（別役　実　詞）
風の子守歌 34
空と海の子守歌 38
いつもの子守歌 42
思い出の子守歌 52
おさかなの子守歌 59
眠っちゃいけない子守歌 64
歌詞 70

三つの不思議
な仕事　3

夢売り

池澤夏樹　詞
池辺晋一郎　曲

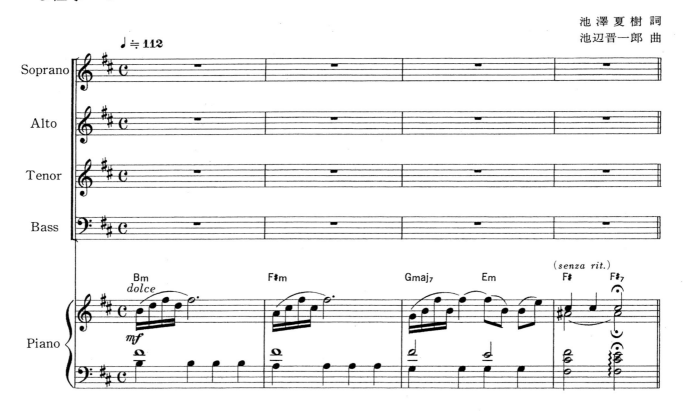

三つの不思議な仕事

池澤夏樹

空みがき

ノンノンノンノン

空をみがきます
木のてっぺんにこしかけて
息を吹きかけ
布でキュキュキュとみがきます
あなたの窓に映る空が
明日もあさっても青いように

ノンノンノンノン

風が手伝います
空色の空のガラスを
隅から隅まで
風はサラサラと洗ってゆきます
夕方西に沈む日が
雲を真赤に照すように

星をかざります
さそりと琴と大熊と
ランプをみがき
ひとつひとつに火をともします
空を見上げる子供の目が
光で一杯になるように

ノンノンノンノン

明日つくり

昼も夜も
目に見えない大男がひとり
山を作っている
ここは火山
地面の下で火を燃し
岩を積みあげ　木を植える
でも　誰も見ていない

夏も冬も
音を立てない大男がひとり
海を作っている
ここは海峡
力を込めて陸地を押し
島をずらし　水を入れる
でも　誰も聞いていない

海でも山でも
大きな心の大男がひとり
明日を作っている
今は平和
畑にいっぱい麦を植え
恋人を結び　子をさずける
でも　誰も気がつかない

夢売り

夢　いりませんか
良い夢　それとも悪い夢
悲しいことで暮れた日に　ほら
あなたが買うのは　楽しい夢
　　たとえばお祭の夢などいかが
　　それともあったかい暖炉の夢
　　一切れのパンと同じ値段です
夢　いりませんか

夢　いりませんか
良い夢　それとも悪い夢
嫌なことなど夢ですませて　ほら
こわい夢も　お買いなさい
　　たとえば狼の夢などいかが
　　それとものっぺらぼうのお化けの夢
　　薬一粒と同じ値段です
夢　いりませんか

夢　いりませんか
良い夢　それとも悪い夢
なつかしい日を思い出したい時
昔の夢を　ごらんなさい
　　たとえば凧あげの夢などいかが
　　それとも別れた人にまた会う夢
　　一杯の酒と同じ値段です
夢　いりませんか

混声合唱曲

六つの子守歌

別役　実＝作詞
池辺晋一郎＝作曲

六つの子守歌
2

空と海の子守歌

別役 実 詞
池辺晋一郎 曲

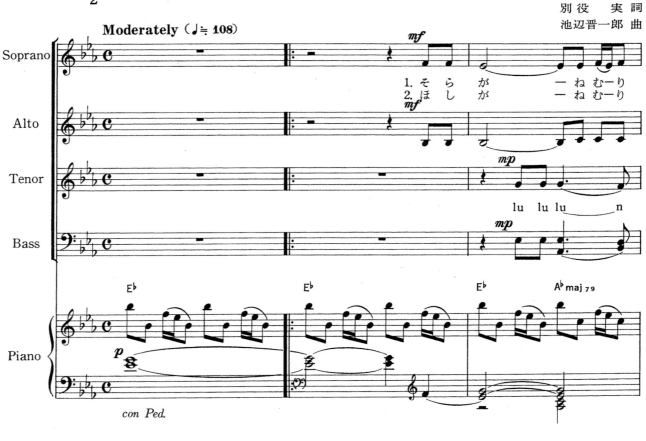

© Copyright 1977 by NIPPON HOSO SHUPPAN KYOKAI (Japan Broadcast Publishing Co., Ltd.) All Rights Reserved.

六つの子守歌
3

いつもの子守歌

別役　実　詞
池辺晋一郎　曲

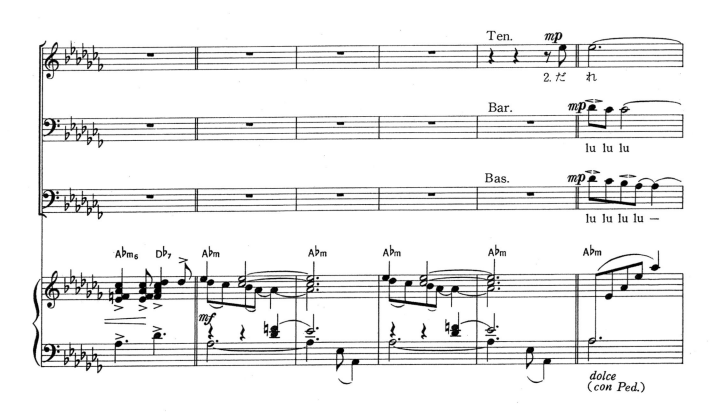

46

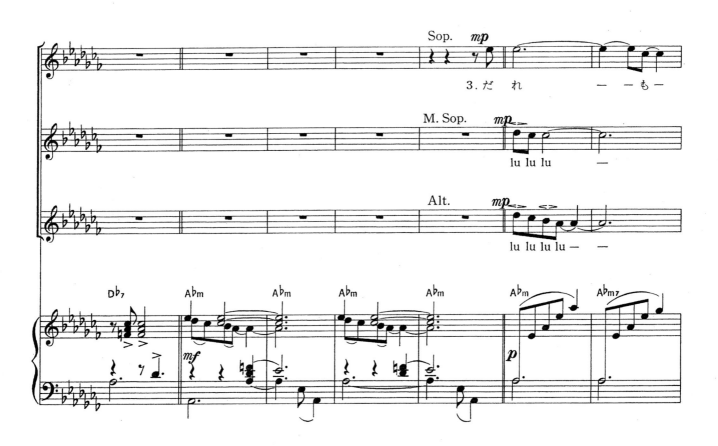

47

48

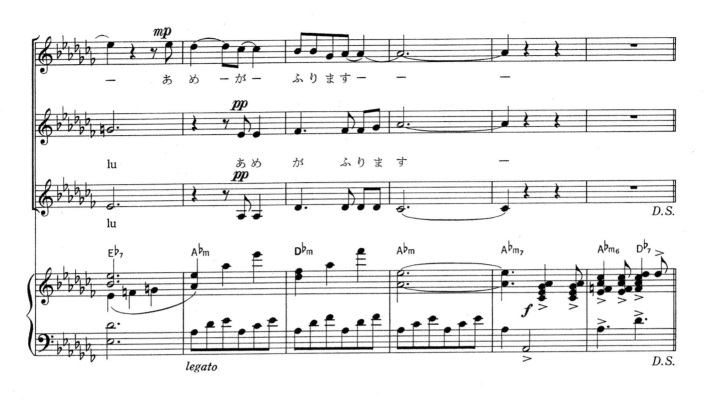
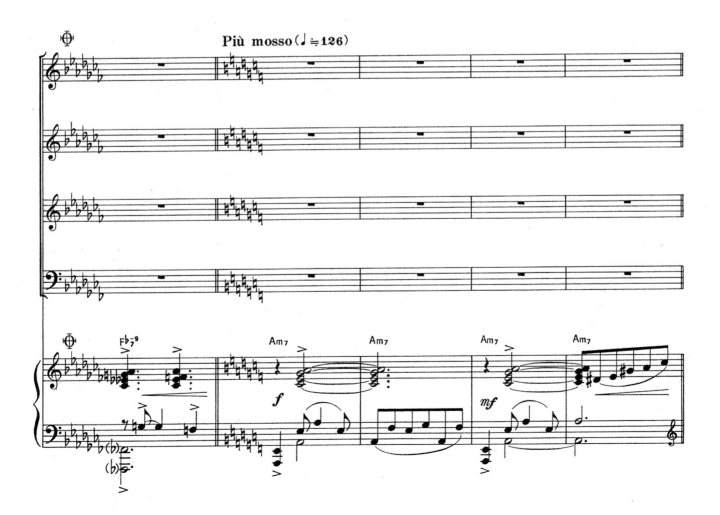

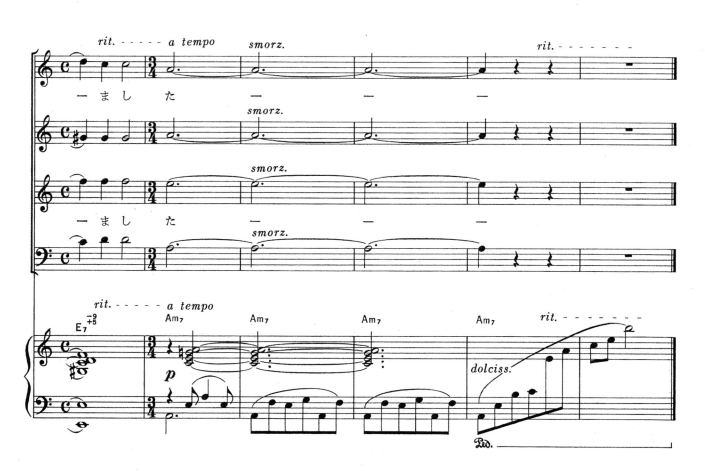

六つの子守歌
4

思い出の子守歌

別役　実　詞
池辺晋一郎　曲

六つの子守歌
6

眠っちゃいけない子守歌

別役 実 詞
池辺晋一郎 曲

※ 口をすぼめ，前につき出すようにして，「hu」と発音する。

六つの子守歌

別 役 実

風の子守歌

おやすみなさい
風は
いってしまった日を
かぞえながら吹くのです
あのひのしあわせと
このひのふしあわせと
いつかみた
あおいそら

おやすみなさい
風は
死んでしまった人を
かぞえながら吹くのです
あのひのしあわせと
このひのふしあわせと
いつかみた
しろいくも

おやすみなさい
風は
忘れてしまったことを
かぞえながら吹くのです
あのひのしあわせと
このひのふしあわせと
いつかみた
ひのひかり

空と海の子守歌

空が眠りました
海が眠りました
山が眠りました
森が眠りました
村が眠りました
街が眠りました

　お父さんが眠りました

お母さんが眠りました
花子さんが眠りました
太郎さんが眠りました
そして
風が吹きました

星が眠りました
月が眠りました
鳥が眠りました
虫が眠りました
草が眠りました
石が眠りました

　お父さんが眠りました
　お母さんが眠りました
　花子さんが眠りました
　太郎さんが眠りました
　そして
　風が吹きました

いつもの子守歌

誰もいない空に
眠れない鳥が一羽おりました
誰もいない空に
風が吹きます

誰もいない海に
眠れない貝が一つおりました
誰もいない海に
波が寄せます

誰もいない山に
眠れない熊が一頭おりました
誰もいない山に
雨が降ります

誰もいない街に
眠れない子供が一人おりました
誰もいない街に
夜が更けます

いつもいつもいつも
誰もいないどこかに
眠れない誰かがおりました

いつもいつもいつも
誰もいないどこかに
眠れない誰かがおりました

思い出の子守歌

思い出の街に
思い出の雨が降って
思い出の電信柱と
思い出のポストがぬれる
おやすみなさい
思い出の思い出の
そのまたむこうまで……

思い出の街に
思い出の風が吹いて
思い出の足音と
思い出の匂いが消える
おやすみなさい
思い出の思い出の
そのまたむこうまで……

思い出の街に
思い出の時が流れて
思い出のおはなしと
思い出のうたが遠のく
おやすみなさい
思い出の思い出の
そのまたむこうまで……

おさかなの子守歌

おやすみなさいおさかな
　日が暮れました
おやすみなさいおさかな

夜が来ました
おやすみなさいおさかな
　風が吹きます
おやすみなさいおさかな
　花が散ります
おやすみなさいおさかな
　時が流れて
おやすみなさいおさかな
　人が死にます
おやすみなさいおさかな
　鐘が鳴ります
おやすみなさいおさかな
　もう誰もいない

眠っちゃいけない子守歌

眠っちゃいけない坊や
目をつむっちゃいけない
どんなに夜が重くても
どんなに思い出が哀しくても
眠っちゃいけない坊や
おきてなきゃいけない

眠る子には星も見えないし
眠る子には月も見えない

眠っちゃいけない坊や
目をつむっちゃいけない
どんなに夜が暗くても
どんなにおはなしがこわくても
眠っちゃいけない坊や
おきてなきゃいけない

眠る子には夜も見えないし
眠る子には夢も見えない

◎ CD
カメラータ・トウキョウ：25CM-19
発売元問い合わせ先 03-5790-5565

混声合唱曲集 風の子守歌　池澤夏樹・別役　実 作詩／池辺晋一郎 作曲

- 発行所＝カワイ出版（株式会社 全音楽譜出版社 カワイ出版部）
  〒161-0034 東京都新宿区上落合 2-13-3　TEL 03-3227-6286／FAX 03-3227-6296
  出版情報 http://editionkawai.jp
- 楽譜浄書＝佐竹楽譜　● 写 植＝創美写植　● 印刷・製本＝平河工業社

ⓒ 1978 by edition KAWAI, Tokyo, Japan.　　日本音楽著作権協会（出）許諾 8200577-582 号

- 楽譜・音楽書等出版物を複写・複製することは法律により禁じられております。落丁・乱丁本はお取り替え致します。
  本書のデザインや仕様は予告なく変更される場合がございます。
ISBN978-4-7609-1029-8

1978 年 7 月 1 日　第 1 刷発行
2025 年 6 月 1 日　第 82 刷発行